EXTRAIT

DU RÉGISTRE DES DÉLIBÉRATIONS
de la Commune de Toulon, Département du Var.

Séance du 24 Brumaire, an 5e. de la République.

La Séance ouverte :

LE Conseil considérant que son Excellence Mr. de Langara Général en Chef de l'Escadre de Sa Majesté Catholique, avoit député hier le Major Général de l'Armée, pour complimenter la Municipalité, lui annoncer son arrivée dans cette Rade, et lui témoigner, ainsi qu'à tous les Citoyens, ses sentimens d'union, de cordialité, et ceux de la Nation Espagnole pour la République Française ;

Considérant que la Municipalité doit s'empresser de rendre à son Excellence et à la Nation Espagnole, tous les égards, tous les honneurs convenables, et leur témoigner avec dignité les sentimens réciproques d'union, d'amitié et de loyauté dont tous les Citoyens sont animés envers les grands et bons Alliés de la République ; oui le Commissaire du Directoire Exécutif, ARRÊTE ce qui suit :

1°. Il sera député auprès de Monsieur de Langara, sur son Vaisseau, quatre Officiers Municipaux, conjointement avec le

Commandant de la Place en état de siège, et le Commandant de la Garde Nationale, pour aller complimenter son Excellence sur son heureuse arrivée, et lui exprimer les vœux et les sentimens vifs et sincères de la Municipalité et de tous les Citoyens de Toulon, pour sa personne et pour la noble Nation Espagnole;

2°. Cette Députation sera accompagnée d'un Corps de Sergens et de tous les Trompettes de la Commune, de la Musique Militaire et d'un grand nombre de Citoyens indistinctement;

3°. La Députation et le Cortège partiront de la Maison Commune demain à dix heures du matin, dans les embarcations qui leur seront destinées;

4°. Les quatre Députés nommés sont les Citoyens Baraton, Crassous, Fisquet et Aubin, accompagnés du Secrétaire-Greffier;

5°. Le Citoyen Crassous haranguera Monsieur le Général en Chef;

6°. Expédition du présent sera remise à son Excellence;

7°. Pareille expédition sera adressée au Directoire Exécutif.

Signés à l'Original, BARRY, *Président*; CRASSOUS, BARATON, DEGREAUX, *Administrateurs Municipaux;* MARQUESY, FISQUET fils, AUBIN, BOUCARANDE fils, *Administrateurs Temporaires;* MONGINS, *Commissaire du Directoire Exécutif,* et CHARLES, *Secrétaire-Greffier.*

DISCOURS

DE LA DÉPUTATION

DE L'ADMINISTRATION MUNICIPALE
du Canton de Toulon,

A SON EXCELLENCE Mr. DE LANGARA, GÉNÉRAL en Chef de l'Escadre de Sa Majesté Catholique, prononcé par le Citoyen CRASSOUS, Administrateur Municipal, un des Membres de la Députation, le 25 Brumaire, 5ᵉ. année de la République Française, à Bord du Vaisseau la Ste. Trinité.

MONSIEUR LE GÉNÉRAL EN CHEF,

Lorsque la France et l'Espagne sont réunis par les liens d'un intérêt mutuel et sur-tout par ceux d'un sincère attachement, c'est pour l'Administration Municipale de Toulon une tâche bien agréable, que de vous offrir un témoignage éclatant de sa parfaite considération, ainsi que de son empressement à contribuer, autant qu'il est en elle, au maintien de cette heureuse intelligence, également chère aux deux Nations.

Nous nous félicitons de voir le Pavillon Espagnol flotter à côté du Pavillon Tricolor : nous nous félicitons particuliérement d'avoir l'honneur de voir au milieu de nous le respectable Chef de l'Armée navale Espagnole ; et le Corps Municipal dont nous faisons partie, nous député auprès de votre Excellence, pour lui exprimer ses sentimens de profonde estime et de vive satisfaction.

Appellé au Ministère de la Marine par la confiance de Sa Majesté Catholique, si vous n'êtes plus destiné un jour à porter des coups vengeurs contre l'ennemi commun, vous êtes appellé au grand soin de les diriger avec force, tandis que notre Gouvernement agira de concert ; et votre nomination est un garant de plus de la prochaine humiliation du prétendu dominateur des Mers. Enfin, Monsieur le Général en Chef, après avoir vu, après avoir partagé le sincère accueil que viennent de recevoir dans cette Commune nos vaillants et fideles Alliés, vous pourrez, ou plutôt vous allez transmettre en effet à votre Patrie, ce nouveau gage des sentimens du Peuple Français ; oui, du Peuple Français entier ; car tous les Citoyens de la République sont les amis de votre Nation. Cette assurance réciproque, Monsieur le Général en Chef, est l'égide sacrée des deux Empires : la bonne foi cimente leur alliance et leur gloire ne peut être douteuse, puisque leur fortune est inséparable.

CRASSOUS, *Administrateur Municipal.*

HARANGUE (a)

DU CITOYEN BARRY, Président de l'Administration Municipale, à Monsieur de LANGARA, et à tous ses Généraux et Officiers, lors de leur réception dans la Maison Commune le 25 Brumaire, an cinquième de la République Française, à quatre heures du soir.

MONSIEUR LE GÉNÉRAL EN CHEF,

Depuis la première apparition sur nos Côtes de l'Escadre de Sa Majesté Catholique, nous desirions votre présence. Mr. le Comte de Moralez qui vous avoit précédé, avoit déja consolidé par sa belle conduite, les sentimens d'estime, d'union et de cordialité que, dès le principe, l'heureuse alliance de nos deux Nations avoit fait naître. En paroissant, vous mettez le comble à nos sentimens, par votre aménité, vos

---

(a) C'est sur les vives instances faites sur le champ par tous les Espagnols, que cette Harangue, quoique improvisée, et la précédente, ont été livrées à l'impression et distribuées.

égards et vos procédés ; et la Commune de Toulon se glorifie d'être depuis notre glorieuse révolution la première de la République qui ait vu flotter dans ses Rades le Pavillon Castillan, et reçu dans son sein un célèbre Amiral Espagnol à la tête d'une Armée formidable, dirigée contre l'Ennemi commun.

Oui, c'est, pour ainsi dire, à Toulon que se réalise, par des actes éclatans d'une bienveillance et d'une harmonie réciproques, ce salutaire Traité conclu et signé à Paris et à Madrid.

Monsieur le Général en Chef, Votre Excellence a sans doute remarqué en mettant le pied sur la terre de la Liberté, les transports de joie, l'enthousiasme universels que le Peuple, à l'exemple de ses Magistrats et de tous les Corps Administratifs et Militaires ont manifesté avec tant de force. Tel est le caractère du Républicain. Son cœur franc et loyal, bon et juste, est bientôt fermé aux ressentimens des maux passés. Il ouvre volontiers ses bras à celui qui veut redevenir son ami, et se livre sans réserve au doux sentiment de la paix, de la concorde et de tous les biens qui en doivent être les fruits précieux.

Auffi bien, Monsieur le Général en Chef, ne regardez pas les honneurs qui vous sont rendus, ni les empressemens qui ont été témoignés à votre personne, ainsi qu'à Messieurs vos Généraux et tous vos Officiers rassemblés dans cette enceinte, comme un simple cérémonial, comme une vaine étiquette. Tout ce que vous voyez, tout ce que vous entendez, n'est que l'ouvrage de nos cœurs, et une légère expression de nos sentimens. Oui, si les Français ne vous jugeoient pas dignes de leur estime, s'ils ne vous regardoient pas, Messieurs les

Espagnols, comme leurs nouveaux compagnons de fortune et de gloire, vous n'eussiez apperçu de tout côté qu'éloignement ou froideur.

Monsieur le Général en Chef, informez le Roi votre Maître de l'accueil honorable, généreux et vraiment fraternel que vous recevez. Que Sa Majesté Catholique sache par vous, que tous les Français représentés dans ce beau moment par les Toulonois, sont les bons Amis, les fidèles Alliés de l'Espagne, et que les Français à leur tour regardent les Espagnols comme leurs fidèles Alliés et leurs bons Amis.

Enfin, lorsqu'après avoir chassé ou détruit les Anglais, Votre Excellence sera installée dans le ministère de la Marine, auquel la confiance de Sa Majesté Catholique vous a appellé, souvenez-vous de Toulon, de son inébranlable fidélité au Gouvernement constitutionel, et de son attachement pour la puissante Nation Espagnole.

Vive l'Espagne, Vive la République Française.

BARRY, *Président.*

RAPPORT

De la Députation de la Municipalité, qui s'est rendue à Bord du Vaisseau la Ste. Trinité, monté par Mr. JUAN DE LANGARA, Général en Chef de l'Escadre Espagnole.

Citoyens collegues,

Le 25 Brumaire, an 5e. de la République Française, nous sommes partis du Quai de la Maison Commune, dans cinq Canots différens; dans le premier étoit la Musique Militaire, dans le second la Députation de la Municipalité, le Commandant de la Place en état de siège et le Commandant Général de la Garde Nationale; dans les trois autres étoient plusieurs Citoyens à la suite de la Députation.

Arrivés au bas de l'échelle tournante du Vaisseau, nous y avons trouvé un Grenadier qui étoit en faction; nous sommes montés à bord précédés par les Trompettes et la Musique. Au haut de l'échelle, nous avons trouvé quatre Militaires, Officiers de grade supérieur, qui nous ont reçu. Nous avons défilé devant un détachement de Grenadiers de la Marine, tambours battant. Arrivés sur le gaillard d'arrière, nous avons trouvé tous les Officiers-Généraux et autres de l'Escadre Espagnole, rangés en file, ayant à leur tête le Général en Chef Mr. de Langara. Là, le Citoyen Crassous, chargé de porter la parole,

a

a prononcé un Discours au nom de la Municipalité, et lui a remis expéditions de la Délibération et copie du Discours.

Son Excellence le Général Langara a répondu, qu'il voudroit être assez éloquent pour pouvoir peindre d'une manière énergique tout ce que lui et ses Officiers sentoient dans ce moment, mais *qu'une pareille satisfaction ne pouvoit s'exprimer;* qu'il ne manqueroit pas d'envoyer toutes ces pièces à Sa Majesté Catholique, et qu'en même tems il lui feroit part de toutes les marques pompeuses de bienveillance et de l'accueil qu'il recevoit. Après quoi nous avons été introduits dans la Salle de Conseil. Après y avoir demeuré quelques momens, employés à nous témoigner les sentimens réciproques d'amitié et d'union, le Général nous a accompagné dans l'intérieur du Vaisseau, pour nous donner le plaisir de le visiter; ensuite le signal du départ a été donné; il nous a reconduit, suivi de tous les Officiers, jusqu'au haut de l'échelle: nous étant embarqués dans nos canots, en débordant du Vaisseau, nous avons été salués de six cris de *Viva el Rey*, et de 14 coups de canons, auxquels il a été répondu par la batterie de la grosse Tour, à nombre égal. En allant comme en venant, les Vaisseaux Espagnols près desquels nous avions passé, avoient rangé leurs troupes en file sur les passavans. Les haubans étoient garnis de monde, dont nous entendîmes, quoique de loin, les cris de salut. La même chose se passoit sur les Vaisseaux de la République. Nous sommes arrivés dans le même ordre sur le Quai, devant la Maison Commune, où un grand nombre de Citoyens sont venus nous recevoir.

Nous ne pouvons, Citoyens Collègues, vous exprimer les témoignages de satisfaction et de cordialité dont nous avons été comblés par Mr. de Langara, par tous les Généraux et Officiers

Espagnols. Ce soir à quatre heures Mr. le Général en Chef viendra vous voir à la Maison Commune, avec un brillant cortège, ainsi qu'il l'a déja fait annoncer.

Le Conseil a entendu ce Rapport avec satisfaction, et tout de suite a fait toutes les dispositions nécessaires pour recevoir la visite du Général en Chef Mr. de Langara, de la manière la plus brillante possible.

BARATON, CRASSOUS, FISQUET, AUBIN.

PRÉCIS

De la réception faite à MR. DE LANGARA, Général en Chef de l'Escadre de Sa Majesté Catholique, à son entrée dans la Commune de Toulon, le 25 Brumaire, l'an 5ᵉ. de la République Française.

D'Après le rapport fait à la Municipalité par sa Députation, les dispositions furent faites, de concert avec le Commandant de la Place en état de siège, et le Commandant des armes de la Marine, pour recevoir, avec toute la dignité convenable, Mr. le Général en Chef de l'Escadre Espagnole, à l'heure indiquée.

A trois heures et demie, on apperçut dans la petite Rade, une Escadrille de trente-quatre canots Espagnols, sur quatre colonnes, à la tête desquelles on distinguoit le canot du Général en chef, portant son pavillon en avant du carrosse à stribord.

L'Escadrille avançant vers le Port et passant devant les Vaisseaux de la République, le Général en chef fut salué par 14 coups de canon du Vaisseau commandant, et par six cris de *vive la République*, du même Vaisseau, et de tous ceux qui se trouvoient sur le passage.

Étant près de la chaîne, la batterie de la Mâture salua par quatorze coups de canons; et dès que la tête de l'Escadrille fut entrée dans le Port, le Vaisseau Amiral salua du même nombre de coups, de manière que les deux salves se confondirent en feu roulant, babord et stribord de l'Escadrille.

Le Vaisseau la très-Ste.-Trinité, monté par le Général en chef, et mouillé en grande Rade, rendit tout ces saluts coup pour coup.

L'Escadrille aborda le Quai de la Maison Commune. Là, le Commandant de la Place et celui de la Garde Nationale, leurs Etats-Majors, un corps de musique militaire et un nombre infini de Citoyens, reçurent Mr. de Langara à son débarquement, et le conduisirent, ainsi que tous les Généraux et les Officiers Espagnols, au nombre d'environ 300, à la Maison Commune, au milieu d'une double haie de Volontaires, au son des tambours et de la musique.

La Garde Militaire de la Maison Commune étoit sous les armes, les tambours battant aux champs.

Mr. de Langara étant parvenu au haut du grand Escalier, a été reçu par deux Officiers Municipaux, au son des tompettes de la Commune.

Le Général en Chef entré dans la Grande-Salle, a été conduit au milieu d'une double haie de Sergens de la Commune, dans le lieu des séances du Conseil, où le Président, les autres Officiers Municipaux en costume et le Commissaire du Direcoire Exécutif, étoient assemblés. Les Chefs des Corps Administratifs et Militaires de terre et de mer, et un grand nombre de Citoyens, s'y étoient déjà rendus.

Le Président a fait asseoir Mr. de Langara dans un fauteuil à sa droite. Les Lieutenans-Généraux Cordova et Moralez, et les autres Généraux et principaux Officiers Espagnols ont été placés dans des fauteuils. A l'instant la salle s'est remplie d'Officiers Espagnols et de Citoyens, de sorte que la majeure partie a été obligée de rester dans les pièces antérieures.

Le silence étant établi, Mr. de Langara a manifesté à la Municipalité toute sa gratitude sur les témoignages honorables d'union, de bienveillance et de cordialité dont il se trouvoit comblé. Il a assuré que Sa Majesté Catholique en seroit informée, et que la Nation Espagnole se feroit toujours une gloire et un devoir d'être la fidelle Alliée de la République.

Le Président a répondu dans le même sens au nom de la Municipalité, des Citoyens de Toulon et de tous les Français. Des cris de *vive l'Espagne*, *vive la République*, et des applaudissemens généraux ont succédé.

Mr. de Langara fit des remercimens des expressions obligeantes qu'il venoit d'entendre, en témoignant ses regrets de ne pouvoir pas s'exprimer en Français avec assez de facilité pour rendre ses sentimens. Aussitôt tous les Espagnols demanderent unanimement l'impression du Discours du Président.

Le Président répondit, que ce qu'il avoit dit n'étant ni écrit, ni étudié, il n'étoit gueres possible de le faire imprimer ; mais sur les instances réitérées, il leur dit : » Messieurs, puisque

» vouz le desirez, mon Discours sera imprimé; si je ne le re-
» trouve pas dans ma tête, je le trouverai dans mon cœur. »
Cette réponse prompte et animée excita de nouveaux applaudissemens et des remercimens universels de la part de tous les Officiers Espagnols.

La même demande d'impression fut faite pour le Discours du matin. (*a*)

Après quelques conversations sur les avantages réciproques de l'alliance, et sur la beauté du spectacle qu'avoit offert l'Escadrille, et sur ce Corps nombreux et brillant de Généraux et d'Officiers Espagnols, le Président proposa à Mr. de Langara de le conduire au Spectacle d'une manière pompeuse, avec la Municipalité.

La proposition ayant été acceptée avec joie, on se mit en marche dans l'ordre suivant.

Mr. de Langara étoit placé entre le Président et le Commandant de la Place. Les Tambours et un Corps de Musique Militaire, les Trompettes et les Sergens de la Commune, entourant le Drapeau Tricolor, précédoient le cortège composé de la Municipalité, d'un très-grand nombre de Généraux et d'Officiers des deux Nations et de Citoyens, marchant entre deux files de Gardes Nationaux.

On suivit dans cet ordre les principales rues, et on arriva ainsi à la Salle de Spectacle à travers une multitude immense et empressée.

Mr. de Langara fut placé dans la loge du Commandant de

(*a*) Les deux Discours sont imprimés ci-devant.

la Place entre lui et le Président. Les autres Généraux le furent dans la même Loge, ou dans celle de la Municipalité, l'une et l'autre éclairée par des bougies.

Mr. le Général en Chef et les autres Officiers Espagnols distribués dans la Salle, furent accueillis par des applaudissemens universels, auxquels ils furent extremement sensibles.

Entre les deux pièces, on chanta un couplet rélatif à l'alliance.

Après le Spectacle, Mr. le Général en Chef fut reconduit sur le Quai. Là, après des accolades réciproques, Mr. de Langara s'embarqua dans son Canot, et partit pour son bord avec tous les autres.

Ainsi s'est passée cette brillante journée, où pour la première fois en France a été célébrée avec dignité, avec éclat, avec cordialité, l'heureuse Alliance formée à perpétuité entre l'Espagne et la République Française.

BARRY, *Président.*

LE CONSEIL ARRÊTE que les cinq Pièces ci-dessus seront imprimées, et ont les Délibérans signé avec le Secrétaire en chef.

Signés, BARRY, *Président;* CRASSOUS, DEGREAUX, BARATON, *Administrateurs Municipaux;* FISQUET, MARQUESY, BOUCARANDE, AUBIN, *Administrateurs Temporaires;* Et CHARLES, Secrétaire en chef.

COUPLET

Adressé aux Espagnols nos Alliés, et chanté au Théâtre de Toulon en leur présence.

Composé par le Citoyen POUPINET.

Air : *Allons Enfans de la Patrie.*

Salut, Enfants de la Castille,
A nos voix mêlez vos accents :
Formons une seule famille,
Aux yeux des Anglais pâlissants ; (*bis*)
L'intérêt commun nous éclaire,
Nos mains porteront désormais
Pour nous l'olivier de la Paix,
Et la foudre pour l'Angleterre !..

(CHŒUR.)

Espagnols et Français, nos Drapeaux sont unis,
Jurons, jurons » paix entre nous, guerre à nos Ennemis ! »

A Toulon, chez P. Jh. CALMEN, Imprimeur de la Commune, Rue de l'Égalité, vis-à-vis l'Hôpital de la Marine.

www.ingramcontent.com/pod-product-compliance
Lightning Source LLC
Chambersburg PA
CBHW070537050426
42451CB00013B/3049